最后的记忆

慈溪市第三次全国文物普查成果图集（中）

慈溪市文物管理委员会办公室 编

文物出版社

责任印制　张道奇

责任编辑　侯　莉

图书在版编目（C I P）数据

　　最后的记忆 : 慈溪市第三次全国文物普查成果图集
/ 慈溪市文物管理委员会办公室编. -- 北京 : 文物出版
社, 2012.12
　　ISBN 978-7-5010-3615-8

　　Ⅰ. ①最… Ⅱ. ①慈… Ⅲ. ①文物－考古发现－慈溪
市－图集 Ⅳ. ①K872.553-64

　　中国版本图书馆 CIP 数据核字 (2012) 第 269309 号

最后的记忆——慈溪市第三次全国文物普查成果图集

慈溪市文物管理委员会办公室　编

出版发行		文物出版社
社	址	北京市东直门内北小街 2 号楼
网	址	www.wenwu.com
邮	箱	web@wenwu.com
制	版	杭州杭新印务有限公司
印	刷	杭州杭新印务有限公司
经	销	新华书店
开	本	889×1194　1/16
印	张	70
版	次	2012 年 12 月第 1 版
印	次	2012 年 12 月第 1 次印刷
书	号	ISBN 978-7-5010-3615-8
定	价	（全三册)580.00 元

宓氏孝友堂前廊月梁

宓氏孝友堂窗臼

宓氏孝友堂

　　孝友堂位于观海卫湖东村七三房,坐北朝南,由东西两个庭院组成,东院主楼为八开间二层楼房,带二开间两厢;西院为三开间二层楼房,总占地910平方米。清代民居,属宓氏八房。

宓氏孝友堂外观全貌

宓氏孝友堂主楼前廊

宓氏孝友堂主楼

宓氏孝友堂格扇窗

宓氏孝友堂明间梁架

宓氏孝友堂主楼明间内部

宓氏友于堂天井

宓氏友于堂

　　友于堂位于观海卫湖东村七三房，为坐北朝南两进庭院，前进为五间平房，后进为五间二层楼房，东西带七间二弄厢房，占地 1722 平方米。清代建筑，属宓氏五房。

宓氏友于堂后进墙头砖雕

宓氏友于堂窗臼

宓氏友于堂院门石雕

宓氏友于堂后进

宓氏友于堂前景

宓氏友于堂院门

宓氏友于堂磨砖花窗

宓氏友于堂前进背立面

宓氏友于堂砖雕脊饰

蒋氏九间头明间

蒋氏九间头窗白

蒋氏九间头前廊

蒋氏九间头

　　九间头位于观海卫蒋家桥村,坐北朝南,为九开间二层楼房,占地600平方米。据记载由蒋氏大昂公始建于清乾隆年间,原为五间,号趋一堂,后经其曾孙蒋品兰（获钦旌"两叶清芬"）等几代渐扩为九间,故称九间头。

蒋氏九间头主楼

蒋氏九间头前景

槐花书屋天井

槐花书屋

　　槐花书屋位于观海卫宓家桥村，为坐北朝南二层楼三合院，由五间二弄正屋及三开间东西厢房组成，占地589平方米。清中晚期民居，为宓氏学礼房后代所建，堂号槐花书屋；民国时期曾为"叶赓堂"医馆。

槐花书屋外观全貌

槐花书屋正屋

槐花书屋院门

槐花书屋"叶赓堂"医馆名

槐花书屋厢房前廊牛腿

下河大厅

　　下河大厅位于观海卫沈师桥村，坐北朝南，前后共四进，前三进均为九间二弄二层楼房，后进为平房，占地2742平方米。清代民居，原为官宦宅第，人称下河大厅；门前原有牌坊。

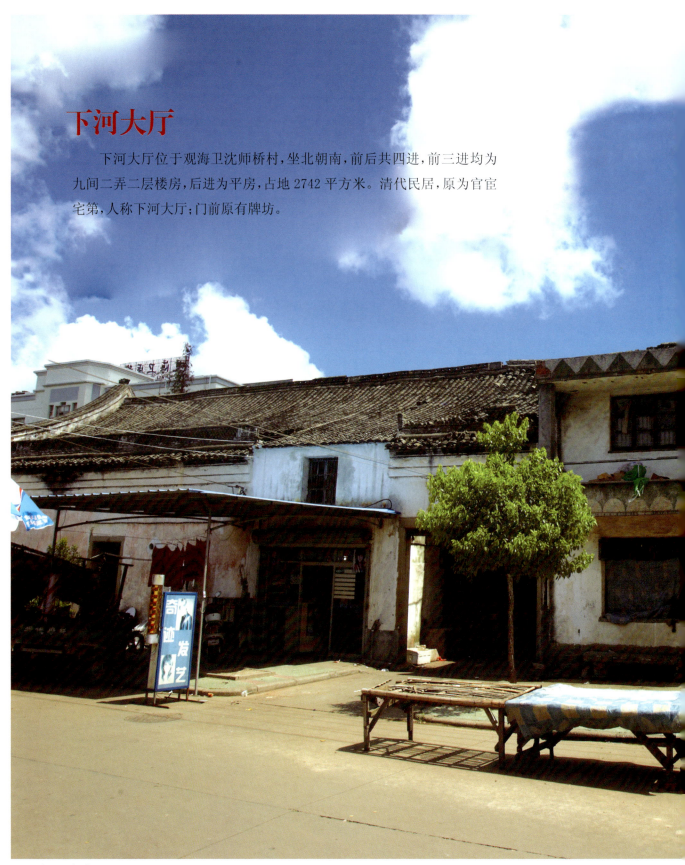

下河大厅前景

下河大厅第三进明间梁架

下河大厅牛腿木雕

下河大厅第二进横梁上雕刻花纹

下河大厅柱础

355

下河大厅侧立面

下河大厅第三进西厢房

下河大厅砖雕脊饰

下河大厅第三进主楼

下河大厅砖雕花窗

古墅六八房偏房过弄

古墅六八房

六八房位于观海卫师东村古墅,坐北朝南,由五开间门厅、五开间正屋、二开间东西厢房组成东院,带六间一弄西偏房,占地 1076 平方米。东院建成于清代,西偏房为民国时增建,俗称六八房。

古墅六八房门厅西梢间的水泥天台

古墅六八房东立面

古墅六八房带纹饰的木门

古墅六八房正屋

古墅六八房偏房二楼木栏杆

油车跟韩家大门头正屋明间格扇门

油车跟韩家大门头

　　韩家大门头位于观海卫五里村油车跟，坐北朝南四合院，由门头、五开间正屋和二开间东西厢房组成，占地 420 平方米。清晚期民居，人称大门头，由务农出身的韩氏族人建造。

油车跟韩家大门头外观全貌

油车跟韩家大门头西立面

油车跟韩家大门头天井

油车跟韩家大门头正屋前廊

观城王家门头前楼

观城王家门头

　　王家门头位于观海卫城隍庙,坐北朝南,前后共两进,均为五间两弄二层楼房,占地 1049 平方米。清后期民居,建造者王姓,经商出身。

观城王家门头磨砖花窗

观城王家门头木雕格扇窗

观城王家门头院门背面砖雕

观城王家门头八字墙头砖雕

观城王家门头前楼前廊

新园河后周氏老宅

　　周氏老宅位于逍林新园村河后路，坐北朝南，原为三进，现存后两进，均为七开间平房，占地 1086 平方米。清光绪年间民居，已使用外洋引进的水泥浇筑地坪。

新园河后周氏老宅侧门门头

新园河后周氏老宅正屋内部梁架

新园河后周氏老宅正屋前廊

新园河后周氏老宅正屋

新园河后周氏老宅外观全貌

新园河后周氏老宅门楹雕花

新园河后周氏老宅神位

丁氏懿德堂

懿德堂位于逍林宏跃村丁家弄,坐北朝南,由三开间门厅、九开间二层正屋和三开间厢房组成,占地 986 平方米。清中晚期民居,俗称风箱楼,原与尊德堂、崇德楼、修德堂等共同组成丁氏建筑群,据介绍由清康熙年间农民丁有炳的后裔建造。

丁氏懿德堂正屋前廊

367

丁氏懿德堂天井内部

丁氏懿德堂正屋梁架

丁氏懿德堂正屋前廊月梁

丁氏懿德堂外观全貌

周氏致敬堂

致敬堂位于逍林振兴村,坐北朝南,由三开间门厅、三间两弄正屋及九开间两厢组成,占地 1031 平方米。清中晚期民居,建造者周定良务农出身。

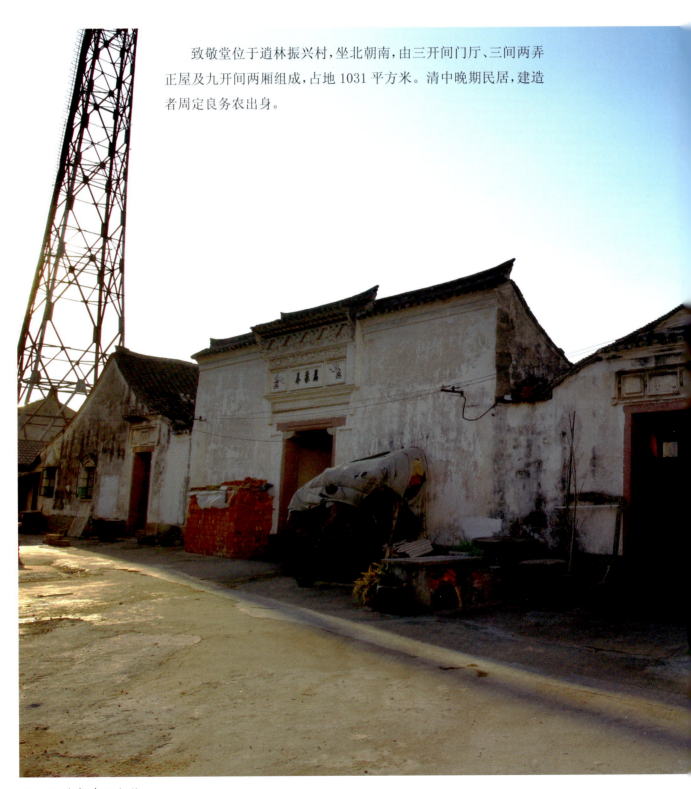

周氏致敬堂外观全貌

周氏致敬堂厢房月梁

周氏致敬堂厢房格扇门

周氏致敬堂门厅梁架

周氏致敬堂东厢房

周氏致敬堂明间悬匾

周氏致敬堂门厅背立面

周氏致敬堂正屋

周氏致敬堂门头砖雕

安乐桥吴宅前进梁架

安乐桥吴宅

吴宅位于胜山镇前村安乐桥,为坐西朝东两进建筑,均为五开间平房,占地 378 平方米。清末民居建筑,据称为吴德兴老宅。

安乐桥吴宅前进

安乐桥吴宅后进

安乐桥吴宅外景

马堰山屋外景

马堰山屋

  马堰山屋位于白沙路武陵桥村,坐西朝东,由两进五开间平房带东西各三开间厢房组成,占地 750 平方米。晚清民居,据称由华姓太公于清晚期建造,原有马头墙,因"马鞍"与"马堰"谐音,故被称马堰山屋。

马堰山屋天井内

马堰山屋门头

马堰山屋门头砖雕

马堰山屋门头八字墙磨砖

马堰山屋正屋明间梁架

宏坚徐宅石雕花窗 1

宏坚徐宅石雕花窗 2

宏坚徐宅

　　徐宅位于白沙路宏坚村,坐北朝南,由三开间门厅、三间一弄厢房及五间两弄正厅组成,占地 670 平方米。晚清民居,据称由经营树行的徐姓太公建造。

宏坚徐宅正厅梁架

宏坚徐宅磨砖花窗 1

宏坚徐宅外观全貌

宏坚徐宅内景

宏坚徐宅磨砖花窗 2

宏坚徐宅西厢房

宏坚徐宅正厅前廊

张氏墙房前院正屋明间梁架　　　　　　　张氏墙房后院正屋明间梁架

张氏墙房

　　墙房位于长河长丰村，坐北朝南，由前后相连的两个三合院组成，占地1670平方米。据记载建于清乾隆年间，建造者张氏启宝公由大古塘南芦城西墙弄迁来，故被称为墙房。2003年被公布为市文保点。

张氏墙房俯瞰

张氏墙房前院

张氏墙房外景

张氏墙房前院正屋前廊卷棚

张氏墙房后院门头背立面

张氏墙房后院

张氏墙房前院门头

张氏墙房西厢房前廊

大盛弄吴宅家训两篇

大盛弄吴宅

　　吴宅位于长河垫桥村大盛弄，坐北朝南，为五开间平房，占地 170 平方米。晚清民居，次间前门上部刻有光绪八年（1882）题写的家训四则。

大盛弄吴宅明间

大盛弄吴宅带家训的门　　　　大盛弄吴宅另两篇已残损

大盛弄吴宅外景

桑家大楼屋前廊牛腿

桑家大楼屋前廊木构装饰

桑家大楼屋

　　桑家大楼屋位于周巷路桥村安仁桥,原为坐北朝南三进庭院,现存后进,为十七开间二层楼房,占地 1293 平方米。清代民居,嘉庆年间由里人桑孔斋建造。2003 年被公布为市文保点。

桑家大楼屋外观全貌

桑家大楼屋保护标志碑

桑家大楼屋门楣石雕

桑家大楼屋东山墙花格瓦窗

桑家大楼屋卷棚遗迹

桑家大楼屋月梁

桑家大楼屋砖雕脊饰

青龙桥劳家大屋门头砖雕"由义"

青龙桥劳家大屋门头砖雕"向阳"

青龙桥劳家大屋

　　劳家大屋位于周巷双乐村青龙桥南,坐北朝南,由五开间前进、五开间后进、五开间东西厢房和三间一弄东西偏房组成,占地1068平方米。清代民居,据介绍由劳文林建造。

青龙桥劳家大屋天井

青龙桥劳家大屋门头

青龙桥劳家大屋侧门挑檐装饰

青龙桥劳家大屋窗檐塑花

青龙桥劳家大屋主楼

青龙桥劳家大屋主楼前廊

青龙桥劳家大屋窗檐塑花

通天楼马头墙

通天楼

通天楼位于桥头镇小桥头村,坐西朝东,由四进三合院组成,占地 3782 平方米。民间号称"九十九间走马楼",始建于清嘉庆年间,有奉旨敕造之说。2003年被公布为市文保点。

通天楼后立面外景

通天楼前廊卷棚轩

通天楼格扇门

通天楼砖雕"瑞凝华萼"

通天楼天井甬道

通天楼前廊

通天楼圆洞门

顺昌弄余宅

余宅位于桥头镇小桥头村车头顺昌弄，坐北朝南，由门头、三开间前厅、七间二弄主楼及三开间东西厢房组成，占地1100平方米。清末民居，据称由桥头"余顺昌"南货店老板建造。

顺昌弄余宅主楼

顺昌弄余宅门环

顺昌弄余宅甬道

顺昌弄余宅门头

顺昌弄余宅月梁牛腿

顺昌弄余宅主楼前廊

上塘头陈家大屋墙头彩画

上塘头陈家大屋

　　陈家大屋位于桥头五丰村上塘头，坐北朝南，前后共两进，前进为七开间二层楼房，后进为七开间平房，占地673平方米。清末民居。

上塘头陈家大屋外观全貌

上塘头陈家大屋前楼前廊

上塘头陈家大屋前楼

上塘头陈家大屋墙头彩画

上塘头陈家大屋墙头彩画

毛三斛孙氏大房

　　孙氏大房位于桥头毛三斛村,坐北朝南,由门头、五开间二弄主楼、五开间一弄东西厢房组成,占地1126平方米。清代民居,属孙氏大房一支,房主为官,明间原有"一乡之望"匾。

毛三斛孙氏大房西厢房砖雕脊饰

毛三斛孙氏大房窗白

毛三斟孙氏大房门头背面

毛三斟孙氏大房天井

毛三斢孙氏大房主楼和东厢房

余家四份头老屋后天井

余家四份头老屋窗臼

余家四份头老屋透气孔石雕

余家四份头老屋

　　四份头老屋位于桥头毛三嶴村，坐北朝南三合院，由五开间主楼及七开间一弄东西厢房、七间一弄西偏房组成，占地1555平方米。清代民居。

余家四份头老屋外观全貌

余家四份头老屋西厢房

余家四份头老屋前天井内

余家四份头老屋主楼明间梁架

余家四份头老屋主楼明间前廊

410

车子楼屋南厢房

车子楼屋北厢房

车子楼屋

　　车子楼屋位于桥头五姓村塘下陈，为坐西朝东二层楼三合院，由三间二弄正屋和六间一弄厢房组成，占地789平方米。清中期民居，因厢房为歇山顶带飞檐，又称吊脚楼屋。

车子楼屋俯瞰

车子楼屋南厢房飞檐屋面

车子楼屋正屋明间梁架

车子楼屋正屋

烟墩孙家大屋北院墙外景

烟墩孙家大屋砖窗

烟墩孙家大屋

　　孙家大屋位于桥头烟墩村，坐北朝南，由照壁、门厅、七间二弄主楼、四开间厢房、七间二弄杂间组成，占地 1714 平方米。清代民居，据称由在福建经商的孙氏下巴太公建造。

烟墩孙家大屋主楼前廊

烟墩孙家大屋门厅

烟墩孙家大屋杂间

烟墩孙家大屋外观全貌

烟墩孙家大屋照壁

烟墩孙家大屋主楼

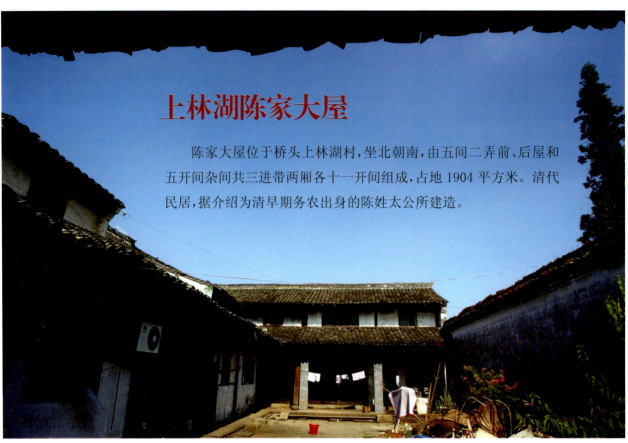

上林湖陈家大屋

陈家大屋位于桥头上林湖村,坐北朝南,由五间二弄前、后屋和五开间杂间共三进带两厢各十一开间组成,占地 1904 平方米。清代民居,据介绍为清早期务农出身的陈姓太公所建造。

上林湖陈家大屋东厢房

上林湖陈家大屋格扇门

上林湖陈家大屋前屋内部梁架

上林湖陈家大屋外景

上林湖陈家大屋后天井

上林湖陈家大屋前屋

上林湖陈家大屋前天井内部

余氏老二房俯瞰

余氏老二房院门门楹木雕

余氏老二房

老二房位于桥头丰潭村，坐北朝南，原由主楼和对称的厢房、马弄及偏房组成，现东厢房等不存，占地 1429 平方米。清代民居，据称为乾隆时余氏二房太公造，其人为官；偏房行船、马弄行马均可达院中。

余氏老二房院门八字墙石雕

余氏老二房西马弄内部梁架

余氏老二房院门

余氏老二房主楼墙头彩绘

余氏老二房西马弄

余氏老二房主楼

余氏滋德堂院门门楣

余氏滋德堂正屋前廊

余氏滋德堂

　　滋德堂位于桥头丰潭村庙路四房,为坐北朝南三合院,由三间二弄正屋、六开间东西厢房组成,占地 637 平方米。清代民居,据称属余氏四房。

余氏滋德堂天井

余氏滋德堂门头

余氏滋德堂门联(右)

余氏滋德堂门联(左)

余氏滋德堂院门八字墙石雕

余氏滋德堂正屋明间

前同泰

　　前同泰位于掌起陈家村陈四,北接后同泰,又名德曜堂,坐北朝南,由门厅、主楼、东西厢房和东西偏房组成,占地1270平方米。存清代官报数张。据称建于嘉道时期,为后同泰陈家人丁兴旺后在前增建。2011年被公布为市保单位。

前同泰前景

前同泰官报 1

前同泰官报 2

前同泰官报 3

前同泰官报 4

前同泰主楼明间内部

前同泰明间梁架

前同泰门头砖雕

前同泰院门

前同泰主楼

前同泰主楼明间格扇门

后同泰门头八字磨砖墙

后同泰

后同泰位于掌起陈家村陈四,坐北朝南,由门头、主楼、东西厢房和东西偏房组成,占地1551平方米。据家谱记载,由陈协建于清乾隆癸卯年(1783),初称两宜堂;后因南面新建前同泰(新同泰),又被称为后同泰(老同泰)。

后同泰前景

后同泰偏房玻璃格扇门

后同泰偏房梁架

后同泰主楼梁架

后同泰门厅

后同泰主楼磨石子地面

后同泰门厅柱础

后同泰偏房印花墙面

河南大屋

河南大屋位于掌起陈家村陈四，原为坐北朝南两进四合院，均由门厅、东西厢房及主楼组成，现后进主楼不存，占地1730平方米。清代民居，据传由清时赴闽经商的陈氏族人所建，因地处快船江南岸而得名。

河南大屋透气孔

河南大屋磨砖花窗

河南大屋门厅梁架

河南大屋全景

河南大屋楼梯

河南大屋前景

河南大屋门头砖雕

河南大屋前天井

河南大屋后天井

河南大屋磨砖门头

开基门头门厅

开基门头前天井

开基门头

　　开基门头位于掌起陈家村陈四，坐北朝南，前部由门厅、主楼、东西厢房和东西偏房组成，后部尚有东西侧房和杂屋，占地2190平方米。清代民居，因建造者陈开基而得名，与东隔壁、西隔壁大屋和河南大屋并列。

开基门头门厅梁架

开基门头明间格扇门

开基门头前立面

开基门头东立面

开基门头主楼

老东隔壁老屋

　　老东隔壁老屋位于掌起陈家村陈五,坐北朝南,由东西两个三合院组成,占地878平方米。据称建于清乾隆初年,亦为光绪二年(1876)进士、户部、吏部左侍郎陈邦瑞祖宅。东院因人丁繁衍先建西院;后又于开基门头东侧建房,称东隔壁,祖宅遂称老东隔壁。

老东隔壁老屋院门背面砖雕

老东隔壁老屋正屋柱础 1

老东隔壁老屋正屋柱础 2

老东隔壁老屋正屋前廊牛腿

老东隔壁老屋正屋

老东隔壁老屋院门

老东隔壁老屋正屋花格窗

老东隔壁老屋西厢房

前宗长房马头墙

前宗长房

前宗长房位于掌起陈家村陈二，坐北朝南，由门厅三间、主楼三间二弄、东西厢房各六间一弄组成，占地857平方米。清代民居，据传因祖上为宗长（族长），陈氏父子所建两幢宅院，依位置分别被称为后、前宗长房。

前宗长房门厅梁架

前宗长房主楼前廊

前宗长房门厅

前宗长房甬道

前宗长房院门

前宗长房天井

桥上门头

桥上门头位于掌起陈家村陈五、雍穆桥南，为坐西朝东二层楼三合院，由五间二弄正屋、二开间南北厢房组成，占地381平方米。清晚期民居，建造者是开木材行的陈姓商贾。

桥上门头外观全貌

桥上门头前廊牛腿

桥上门头天井

桥上门头南立面

桥上门头门头

桥上门头石窗

445

施龙泉大屋东院方形柱础

施龙泉大屋东院地基透气孔

施龙泉大屋

　　施龙泉大屋位于掌起陈家村陈五，坐北朝南，由东西两个庭院组成，占地 2307 平方米。西院先建，为传统风格；东院后造，带西式装饰风格。清代民居，建造者施龙泉是有名的烟草商。

施龙泉大屋东院西立面

施龙泉大屋两院之间的过道

施龙泉大屋西院主楼

施龙泉大屋东院后天井

施龙泉大屋东院

施龙泉大屋东院牛腿

田中央大夫第院门

田中央大夫第主楼前廊

田中央大夫第

　　大夫第位于掌起陈家村陈一田中央弄，坐西朝东，由门厅、九开间主楼、九开间后屋组成，占地1178平方米。据称建于清嘉道时期，由举人陈受照所建，门楣原悬大夫第匾。

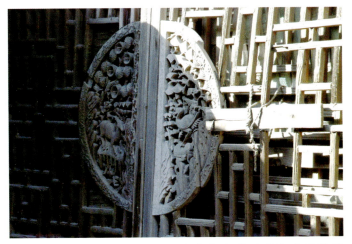

田中央大夫第后堂格扇门雕花

田中央大夫第石窗

田中央大夫第前天井

田中央大夫第后进

田中央大夫第后进明间梁架

西隔壁大屋明间梁架

西隔壁大屋明间内部

西隔壁大屋

　　西隔壁大屋位于掌起陈家村陈四,坐北朝南,原为两进三合院带偏房,现存前院相对完整,占地 4300 平方米。存有清代官报数张。清代民居,因位于开基门头西侧而得名。

西隔壁大屋背立面全貌

西隔壁大屋西厢房前廊

西隔壁大屋主楼

西隔壁大屋明间贴满官报

西隔壁大屋透气孔石雕

陈家敦本堂

敦本堂位于掌起陈家村陈一，为坐北朝南三合院，由门厅、正屋三间、两厢各六间一弄组成，占地 647 平方米。清代民居，由陈姓族人所建造。

陈家敦本堂正屋砖雕"寿"字脊饰

陈家敦本堂正屋明间梁架

陈家敦本堂正屋明间内部

陈家敦本堂门厅门楣雕花

陈家敦本堂前院门

陈家敦本堂外立面

陈家敦本堂内天井

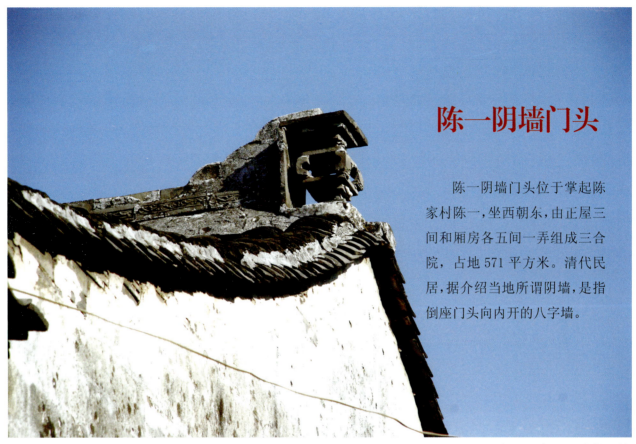

陈一阴墙门头

　　陈一阴墙门头位于掌起陈家村陈一，坐西朝东，由正屋三间和厢房各五间一弄组成三合院，占地 571 平方米。清代民居，据介绍当地所谓阴墙，是指倒座门头向内开的八字墙。

陈一阴墙门头屋脊瓦饰

陈一阴墙门头雕花窗臼

陈一阴墙门头正屋前廊

陈一阴墙门头东立面

陈一阴墙门头正屋

陈一阴墙门头正屋明间梁架

陈一阴墙门头天井

陈五阴墙门头外观全貌

陈五阴墙门头砖雕门头

陈五阴墙门头磨砖字匾

陈五阴墙门头

　　陈五阴墙门头位于掌起陈家村陈五，由坐西朝东三座庭院组成，由南向北依次称上门头、阴墙门头、下门头，占地1220平方米。据介绍为清代陈氏一族依次建造，因东面原为坟场，大门前另建墙隔开，称之为阴墙。

陈五阴墙门头石雕花窗 1

陈五阴墙门头石雕花窗 2

陈五阴墙门头门头背面

陈五阴墙门头主楼

陈五阴墙门头明间格扇门

陈五施家宅磨砖花窗

陈五施家宅

　　施家宅位于掌起陈家村陈五，为坐北朝南三合院，由五开间主楼和东西单间厢房组成，占地 406 平方米。清代民居，因新中国成立后至 20 世纪 90 年代一直做医院，又称施家老医院。

陈五施家宅外观全貌

陈五施家宅天井

陈五施家宅透气孔

陈五施家宅石窗

陈五施家宅主楼前廊

陈五施家宅门框石雕

陈五施家宅侧门

陈氏培德堂后立面全景

陈氏培德堂

　　培德堂位于掌起陈家村陈二，坐西朝东，由正屋三间二弄和左右厢房各一间组成，占地 299 平方米。清晚期民居，据称由陈斯镞建造，斯镞因结交红顶商人胡雪岩起家。

陈氏培德堂花格窗

陈氏培德堂石雕门臼和地垄透气孔

陈氏培德堂左厢房

陈氏培德堂天井内景

陈氏培德堂正屋前廊

陈氏两宜堂

　　两宜堂位于掌起陈家村陈二,坐北朝南,由门头、七开间前楼、七开间后楼及前后两部二开间厢房组成,占地 755 平方米。据记载,由陈协(润泰)、陈懬兄弟建于清乾隆十六年(1751),取兄弟友爱而得名。

陈氏两宜堂前景

陈氏两宜堂门头八字墙石雕

陈氏两宜堂门头柱础

陈氏两宜堂前楼梁架

陈氏两宜堂前楼

陈氏两宜堂后院花格砖窗

陈氏两宜堂花格门窗

陈氏两宜堂全透花格门

陈氏两宜堂后楼

陈三王家门头

王家门头位于掌起陈家村陈三，坐北朝南三合院，由五间二弄正屋带东西各一间厢房组成，占地290平方米。清代民居，房主姓王，现尚藏有同治九年（1870）和十三年地契书。

陈三王家门头东立面

陈三王家门头天井

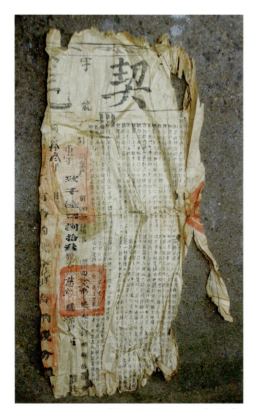

陈三王家门头同治十三年地契

陈三王家门头同治九年合同

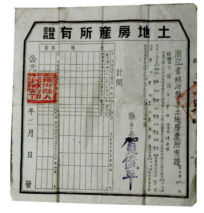

陈三王家门头 1951 年房产证

陈三王家门头牛腿

陈三王家门头院门

陈三王家门头窗白

桥上长三屋

长三屋位于掌起陈家村陈四桥上、彰和桥南,坐西朝东,原为三进院落,现存七开间主楼和三开间后楼,占地706平方米。清代民居,俗称长三屋。

桥上长三屋格扇门

桥上长三屋后立面全景

桥上长三屋北立面

桥上长三屋主楼前廊

桥上长三屋主楼

桥上长三屋后楼

陈家门头屋脊瓦饰

陈家门头

陈家门头位于掌起陈家村陈一，为坐西朝东二层楼三合院，由主楼五间二弄、南北厢房各二间一弄组成，占地414平方米。清代民居，是陈姓聚居的陈家村中唯一直呼陈家门头的老宅。

陈家门头前天井

陈家门头北厢房前廊

陈家门头厢房柱础

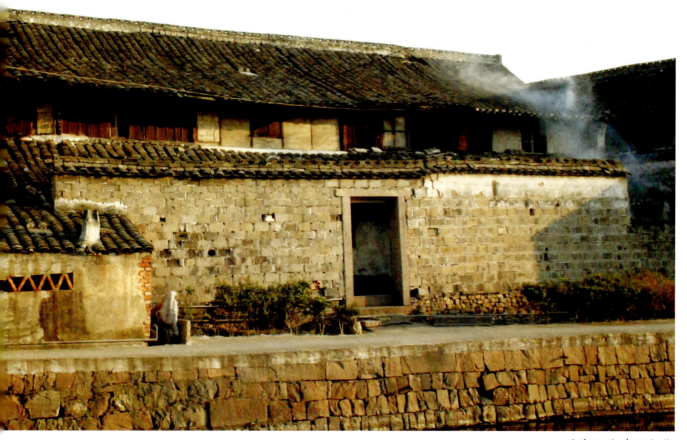

陈家门头外观全貌

关头大屋前院鸟瞰

关头大屋八字墙石雕

关头大屋

关头大屋位于掌起长溪村关头，坐北朝南共三进，前进主楼毁于火灾，余六间一弄两厢；中进为九间二弄楼房，后进为平房，总占地 2120 平方米。清代民居，据称建于康熙年间。

关头大屋院门

关头大屋前进建筑已毁

关头大屋前景

关头大屋部分外层围墙

关头大屋透气孔

关头大屋厢房花格窗

关头大屋磨砖花窗

关头大屋西厢房

老万春大屋院门外立面

老万春大屋石窗

老万春大屋

老万春大屋位于掌起巴里村，为坐西朝东三合院，由大门、三开间二层主楼及两侧各二开间厢房组成，占地204平方米。清代民居，俗称老万春。

老万春大屋外观全貌

老万春大屋天井中

老万春大屋院门内立面砖雕

东埠头韩宅

　　韩宅位于掌起东埠头村,坐西朝东,由五间二弄主楼和三开间南北厢房组成三合院,占地550平方米。清代民居,据介绍由出身书香门第的韩氏族人建造,为韩启德祖居。

东埠头韩宅侧立面

东埠头韩宅楼梯弄

东埠头韩宅牛腿

东埠头韩宅主楼前廊

东埠头韩宅主楼

东埠头韩宅院门遗迹

徽州楼

徽州楼位于掌起东埠头村，坐北朝南，由三开间主楼及两开间东西厢房组成，占地221平方米。据称为明晚期当地童氏族人经商致富后聘请徽州工匠，按照徽派建筑样式营建的私宅。

徽州楼牛腿雕花

徽州楼外观全貌

徽州楼门头背面

徽州楼花格门窗

孝埠头大楼房门头

孝埠头大楼房门头背立面

孝埠头大楼房

孝埠头大楼房位于掌起东埠头村孝埠头，为坐北朝南五开间二层楼房，占地 402 平方米。清代民居。

孝埠头大楼房外观全貌

孝埠头大楼房正屋前廊

孝埠头大楼房正屋

孝埠头大楼房明间格扇门

孝埠头大楼房插销头雕花

义和弄大屋外观全貌

义和弄大屋

　　义和弄大屋位于掌起东埠头村义和弄，坐北朝南，分东西两个庭院，西院由五开间正屋和单间两厢组成，东院存五开间楼房，总占地 1058 平方米。清代民居，据称由童氏族人建于道光年间。

义和弄大屋门头背面

义和弄大屋门头

义和弄大屋天井内

义和弄大屋正屋前廊

园里老宅外景

园里老宅格扇窗

园里老宅

　　园里位于掌起鹤凤村，坐北朝南，原为前后两个庭院，现存前院，由七间二弄正屋及两开间东西厢房组成，占地763平方米。据介绍，清乾隆时乐氏雍六公曾任刑部尚书，建园里老宅；其长子鸣岗为官四川，继居园里；次子鸣岩居东面康塞门头（已不存）；三子鸣仑建西墙角。

园里老宅转角柱头装饰

园里老宅钱纹地漏

园里老宅天井内

园里老宅院门背立面

西墙角老宅

　　西墙角位于掌起鹤凤村,坐北朝南,由两进三合院组成。每进均设两重院门,主楼为五间二弄二层楼,前院厢房二开间,后进厢房三开间,占地1110平方米。据介绍为清乾隆中晚期由时任巡抚的乐鸣仑建造。

西墙角老宅侧立面

西墙角老宅侧门"竹苞"额磨砖门头

西墙角老宅前院主楼前立面

西墙角老宅两重院门

西墙角老宅后院西厢房

西墙角老宅院门石雕

西墙角老宅前院主楼前廊卷棚

白漆间门厅已残

白漆间

　　白漆间位于掌起洪魏村，又称七间头，坐北朝南，原尚有门厅五间和东西厢房各三间，现仅存七开间主楼，占地 500 平方米。清代民居，据称吴锦堂外甥洪华良购进七间头后将其装修漆白，后遂以白漆间闻名。

白漆间墙头彩绘

白漆间门框石雕

白漆间院内

白漆间内院门

白漆间大门八字墙砖

白漆间院内石凳

桂花门头西门头背面砖雕

桂花门头东门头砖雕细部

桂花门头

　　桂花门头位于掌起洪魏村,坐西朝东,南与白漆间相接。由主楼五间二弄带南北厢房各五间一弄组成,设两重砖雕门头,占地 550 平方米。晚清民居,据称因宅前原有桂花树而得名;为清末诗人洪允祥祖居。

桂花门头外观全貌

桂花门头东门头

507

桂花门头西门头

桂花门头侧门砖雕

桐井西边屋门框细部石雕

桐井西边屋地垄透气孔

桐井西边屋

西边屋位于掌起洪魏村桐井西面,坐西朝东共二进,前进为三开间二层楼房,后进为三开间平房,占地310平方米。清代民居,据介绍为清末魏姓族人建造,因位于桐井西侧而得名。

桐井西边屋外观全景

桐井西边屋主楼前廊

桐井西边屋主楼明间

桐井西边屋门头

魏家下新屋外观

魏家下新屋月梁牛腿

魏家下新屋

　　下新屋位于掌起洪魏村魏家，坐北朝南共三进，前进为五开间平房，中、后进均为七开间二层楼房，前天井两侧设二开间厢房，占地 1600 平方米。晚清民居，地处村庄北缘而被称为下新屋。

魏家下新屋门头石雕

魏家下新屋侧立面

魏家下新屋门头

湖墩余庆堂正厅梁架

湖墩余庆堂正厅内部

湖墩余庆堂

余庆堂位于掌起任佳溪村湖墩，北临灵湖，坐南朝北，由三开间门厅、五开间东西厢房及三开间正厅组成，占地 831 平方米。清代民居，据称为陈氏族人建于清末。

湖墩余庆堂厢房

湖墩余庆堂厢房前弄

湖墩余庆堂正厅

湖墩余庆堂前廊月梁

湖墩余庆堂门头

下三房任宅天井内部

下三房任宅石窗

下三房任宅

　　任宅位于掌起任佳溪村下宅，坐北朝南共二进，均为五开间二层楼房，带三开间东西厢房，占地682平方米。清后期民居，属任氏一族，当地俗称下三房。

下三房任宅原院门

下三房任宅窗臼

下三房任宅厢房前廊

下三房任宅柱础

康宝大屋院内古井

康宝大屋主楼明间格扇门

康宝大屋

　　康宝大屋位于掌起任佳溪村上宅,坐北朝南,由五间二弄主楼及二开间东西厢房组成,占地638平方米。明间存有15张清代报单。清后期民居,据介绍建于嘉庆年间,俗称康宝大屋。

康宝大屋外观全貌

康宝大屋天井内景

康宝大屋官报 1

康宝大屋官报 2

康宝大屋官报 3

康宝大屋前景

掼落门头后天井内部

掼落门头

　　掼落门头位于龙山杨高村，坐北朝南共三进，由门厅、五开间二层前、后楼组成，占地502平方米。清代民居，当地人称掼落（方言"摔倒"）门头。

掼落门头门头

掼落门头前楼

掼落门头后立面

六四房三间头西院墙

六四房三间头

六四房三间头围墙头塑灰装饰

六四房三间头位于龙山杨高村六四房弄，坐北朝南共二进，前进为三开间二层楼房，后进为三开间平房，占地247平方米。清末民居，属杨氏一族，据称建造者在沪从事邮政业。

525

六四房三间头主楼前廊牛腿

六四房三间头石雕灯系

六四房三间头院门

六四房五间头

六四房五间头位于龙山杨高村六四房弄，为坐北朝南五开间二层楼房，占地 424 平方米。清末民居，属杨氏一族，据称建造者在上海美心余火油行任经理。

六四房五间头东院墙

六四房五间头前廊月梁

六四房五间头院门

六四房五间头正屋

六四房五间头正屋前廊

童家漕头弄杨家三间头

杨家三间头位于龙山杨高村童家漕头，坐北朝南，由前进三开间楼房和后进三开间平房组成，占地 314 平方米。清代民居，与五间头相邻而时代稍晚，据称由兄弟二人分别建造。

童家漕头弄杨家三间头墙头"寿"字脊砖

童家漕头弄杨家三间头檐下彩绘

童家漕头弄杨家三间头格扇窗

童家漕头弄杨家三间头主楼

童家漕头弄杨家三间头外观全貌

童家漕头弄杨家五间头磨砖花窗

童家漕头弄杨家五间头

　　杨家五间头位于龙山杨高村童家漕头，坐北朝南共二进院落，前院为五开间平房；后院为三合院式，现存五开一弄主楼带东厢房，总占地1078平方米。清代民居，属杨氏一族。

童家漕头弄杨家五间头主楼屋脊钱纹脊瓦

童家漕头弄杨家五间头后院墙

童家漕头弄杨家五间头花坛

童家漕头弄杨家五间头南院墙

童家漕头弄杨家五间头前进辅房

西方埠头三间头门廊

西方埠头三间头

西方埠头三间头位于龙山杨高村西方埠头，为坐北朝南三开间二层楼房，占地149平方米。清末民居。

西方埠头三间头主楼前廊

西方埠头三间头东院墙

西方埠头三间头后立面

西方埠头三间头墙头彩画

杨家老三间主楼

杨家老三间后进檐下牛腿

杨家老三间后进平房

杨家老三间

　　老三间位于龙山杨高村六四房弄，为坐北朝南二进庭院，前进为三开间二层楼房，后进为三开间平房，占地552平方米。晚清民居，人称老三间，据称房主在沪经营火油生意。

杨家老三间前院墙

杨氏承绪堂

　　承绪堂位于龙山杨高村,坐北朝南,由门厅和五开间二层主楼组成,占地 374 平方米。晚清民居,建于太平天国之前,据称建造者在温州经营药材生意,店号即为承绪堂。

杨氏承绪堂外景

杨氏承绪堂主楼前廊

杨氏承绪堂门头

杨氏承绪堂门厅墙头彩画

杨氏承绪堂内景

杨氏承绪堂甬道

杨文清老屋

　　杨文清老屋位于龙山杨高村,坐北朝南共两进,前后楼均为三开间二层楼屋,占地388平方米。清代民居,人称杨文清老屋,其家族人丁兴旺,先建前进,再造后进。

杨文清老屋外景

杨文清老屋前楼明间格扇门

杨文清老屋后楼

杨文清老屋后立面

运河路朝西五间头

朝西五间头位于龙山杨高村运河路,北邻仙桥,为坐东朝西五开间二层楼房,占地195平方米。清代民居,房前原有小运河,故而格局坐东朝西。

运河路朝西五间头月梁

运河路朝西五间头全貌

运河路朝西五间头格扇窗

运河路朝西五间头墙头彩绘

五隆大屋

　　五隆大屋位于龙山新西村，为坐北朝南三合院式，由门厅、七间二弄主楼和两开间厢房组成，占地 858 平方米。清代民居，据传因房主有五子而称为五龙大屋，后讹传为五隆大屋。

五隆大屋外景

五隆大屋回廊梁架

五隆大屋主楼前廊月梁

五隆大屋磨砖花窗

五隆大屋檐堆塑装饰

五隆大屋天井内景

大池上翁家老宅主楼次间外立面

大池上翁家老宅花格玻璃门

大池上翁家老宅

　　翁家老宅位于龙山新西村大池上,坐西朝东,由前进五开间二层楼房、后进五开间平房和二开间二层楼南北厢房组成,占地566平方米。清末民居,外墙留有"文革"时期标语。

大池上翁家老宅外观全貌

大池上翁家老宅南立面

大池上翁家老宅主楼前廊

大池上翁家老宅窗檐堆塑装饰

大池上翁家老宅天井内景

毓秀路三间头彩绘

毓秀路三间头

　　毓秀路三间头位于龙山新东村毓秀路，坐北朝南，为三开间二层楼房，占地221平方米。晚清民居，据介绍为范姓商人建造，人称三间头。

毓秀路三间头外观全貌

毓秀路三间头内景

毓秀路三间头月梁

永兴桥五间头窗臼

永兴桥五间头前廊

永兴桥五间头

　　永兴桥五间头位于龙山新东村永兴桥南，为坐北朝南五开间二层楼房，占地 356 平方米。清代民居，据称由范姓商人建于清晚期，人称五间头，后来仅以 400 斤米贱卖。

永兴桥五间头前天井内景

永兴桥五间头外观全貌

新夏布行老屋前景

新夏布行老屋主楼前廊

新夏布行老屋

新夏布行位于龙山新东村，坐西朝东，主体由门厅、主楼、后屋以及南北厢房和偏房组成，占地2260平方米；带东别院和匠人房。晚清民居，据传清咸丰间范祺玉赴江西玉山经营夏布生意，返乡先后建二宅，被称为老、新夏布行。2011年被公布为市保单位。

新夏布行老屋主楼

新夏布行老屋前天井

新夏布行老屋透气孔

新夏布行老屋磨砖花窗

新夏布行老屋鸟瞰

新夏布行老屋窗臼

新夏布行老屋门厅梁架

时亨大屋

时亨大屋位于龙山王家路村，原为坐西向东的王氏五房建筑群，现存二房较完整，占地733平方米；存有清嘉庆庚午年(1810)王氏家谱。清代民居，因三房院门上"时亨"磨砖字而得名，据传由王氏仁则太公所造。

时亨大屋横弄

时亨大屋窗臼

时亨大屋"时亨"磨砖字匾

时亨大屋二房内部梁架

嘉庆《王氏家谱》

时亨大屋三房前天井

时亨大屋三房正屋

时亨大屋院墙

时亨大屋三房院门背面

时亨大屋三房院门

西桥头大屋磨砖花窗

西桥头大屋格扇门

西桥头大屋石雕透气孔

西桥头大屋

　　西桥头大屋位于龙山王家路村,坐北朝南,原由前后两个庭院组成,现存前院、后院门厅及厢房,占地1120平方米。晚清民居,据称建于太平天国前后,又称二十四间走马楼。

西桥头大屋外观全貌

西桥头大屋前院门厅

西桥头大屋后院门厅

西桥头大屋后院厢房

叶氏三近堂

　　三近堂位于龙山黄杨岙村,坐南朝北,由七开间正屋及两侧单间厢房组成三合院,占地 400 平方米。清代民居,据介绍由叶氏里人建于清晚期。

叶氏三近堂外观全貌

叶氏三近堂门头磨砖字(外)

叶氏三近堂门头磨砖字(内)"竹苞松茂"

叶氏三近堂天井内景

叶氏三近堂柱础

叶氏三近堂内部梁架

叶氏三近堂门头

叶氏三近堂官报

周昌年老宅窗白

周昌年老宅

周昌年老宅位于龙山潘岙村,坐北朝南,由三开间门厅和六开间主楼组成,占地 606 平方米。清代民居,据介绍由在上海做药剂师的周昌年建造。

周昌年老宅东立面

周昌年老宅前廊

周昌年老宅格扇窗

周昌年老宅月梁

周昌年老宅主楼

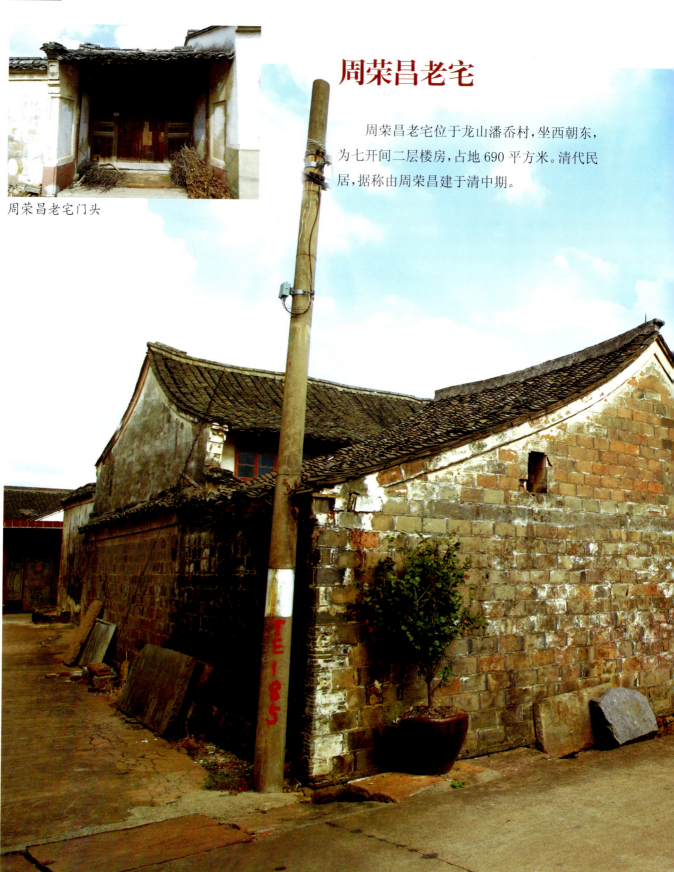

周荣昌老宅门头

周荣昌老宅

周荣昌老宅位于龙山潘岙村，坐西朝东，为七开间二层楼房，占地690平方米。清代民居，据称由周荣昌建于清中期。

周荣昌老宅外观全貌

周荣昌老宅前廊柱础

周荣昌老宅前廊柱头

周荣昌老宅后墙上的洞门

兰屿大屋院门

兰屿大屋格扇门

兰屿大屋

　　兰屿大屋位于龙山河头古村兰屿，坐东朝西，由五开间正屋及两侧二开间厢房组成，占地285平方米。清末民居，据称由在杭州经商的方金才建造。2011年被公布为市文保点。

兰屿大屋后立面

兰屿大屋前景

兰屿大屋厢房

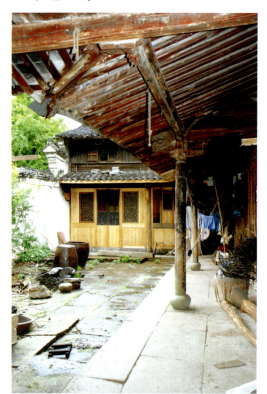

兰屿大屋正屋前廊月梁

兰屿大屋天井内景

前三房刺史第门头八字墙彩绘

前三房刺史第

　　前三房刺史第位于龙山河头古村，坐南朝北，由门头、正厅及厢房组成，占地 1114 平方米。据称始建于明弘治年间，是进士方志登的府第。2011 年被公布为市文保点。

前三房刺史第正厅大门

前三房刺史第天井内景

前三房刺史第门头

天一门头墙头彩绘

天一门头墙头彩绘

天一门头

　　天一门头位于龙山河头古村老横街,坐北朝南,含主楼和附属楼共四开间,占地 337 平方米。清代民居,建造者方大高在沪经营南货生意,据称是仿宁波天一阁以水克火保宅,故名。2011 年被公布为市文保点。

天一门头外景

天一门头院门

天一门头主楼

天一门头前廊月梁

天一门头门窗

天一门头手印墙

河头下新屋外观全貌

河头下新屋侧楼前廊

河头下新屋

　　下新屋位于龙山河头古村,坐南朝北,由四开间主楼及三开间西侧楼组成,占地471平方米。正屋建于清末,西偏房建于民国时期,由方惠成建造。

河头下新屋侧楼明间格扇门

河头下新屋侧楼方形柱础

河头下新屋主楼　　　　　河头下新屋主楼墙头彩绘

河头下新屋侧楼

方彭年老宅

　　方彭年老宅位于龙山河头古村，坐北朝南，现存正屋为五开间二层楼房，占地 349 平方米。清代民居。

方彭年老宅前景

方彭年老宅内景

方彭年老宅前廊

方彭年老宅外观全貌

方雅堂老宅前廊

方雅堂老宅牛腿

方雅堂老宅

　　方雅堂老宅位于龙山河头古村，坐北朝南，为三开间二层楼房，占地229平方米。清末民居，建造者方雅堂据称在镇海开办蜡烛公司。

方雅堂老宅俯瞰

方雅堂老宅墙头彩画

方雅堂老宅前景

方雅堂老宅正屋

鹤琴大屋

鹤琴大屋位于龙山河头古村,坐北朝南,现存三开间门厅和主楼,占地 266 平方米。据传晚清时由方姓官员建造,后代方鹤琴民国时期在沪开糖行,在本村旅沪商人中首先拥有轿车。

鹤琴大屋前景

鹤琴大屋主楼

鹤琴大屋格扇窗

鹤琴大屋门厅八字墙彩绘

鹤琴大屋钱纹地漏

鹤琴大屋门厅

591

河头朝北门头外景

河头朝北门头门头砖雕

河头朝北门头石窗

河头朝北门头

　　朝北门头位于龙山河头古村,坐南朝北,由五开间前、后进及两侧单间厢房组成,占地465平方米。据称由商贾方增铨建于清同治、光绪年间,因门头朝北,故名。

河头朝北门头天井内景

河头朝北门头门头背立面

河头朝北门头正屋

河头朝北门头正屋前廊

双马路马宅窗白

双马路马宅前院门头外侧"日升月恒"

双马路马宅前院门头内侧"居仁由义"

双马路马宅

　　马宅位于龙山双马村双马路,坐北朝南,有前后两个庭院,前院由七开间正屋和两开间东西厢房组成;后院由五开间正屋和单间东西厢房组成,总占地1180平方米。存有清同治五年(1866)分书,记载两院分别建于此前后,由马上亨、上标兄弟分别继承。

双马路马宅前景

双马路马宅主楼前廊

双马路马宅同治
五年分书

双马路马宅侧立面

双马路马宅后院门厅墙头砖雕

双马路马宅后院

双马路马宅前院

迎回路五间头格扇窗

迎回路五间头

　　迎回路五间头位于龙山双马村迎回路，为坐北朝南五开间二层楼房，占地 400 平方米。清代民居，据称由方姓族人建造。迎回路为村中主路，东西各有回龙桥和迎龙桥。

迎回路五间头外观全貌

迎回路五间头天井内景

迎回路五间头前廊

迎回路五间头窗臼

迎回路五间头墙头彩绘

恒丰老屋外景

恒丰老屋天井内景

恒丰老屋

　　恒丰老屋位于龙山海甸戎村，坐北朝南共二进，前进为五开间二层楼房，后进为五开间平房，占地 576 平方米。清代民居，原是地主戎恒丰老宅。

恒丰老屋月梁

华章老屋

　　华章老屋位于龙山海甸戍村，为坐西朝东五开间二层楼房，占地 313 平方米。清末民居，原是民国时期甸山乡伪乡长戍华章老宅，并在甸山老街开有同昌祥、森大两家南货店。

华章老屋外观全貌

华章老屋前廊

华章老屋彩画

华章老屋天井内景

华章老屋院门

乾坤老屋

乾坤老屋位于龙山海甸戎村,坐北朝南共二进,前进为五开间二层楼房,后进为三开间平房,占地 450 平方米。晚清民居,据介绍由务农出身的戎氏乾坤太公所建。

乾坤老屋前景

乾坤老屋格扇门

乾坤老屋格扇窗

603

乾坤老屋后檐

乾坤老屋彩画

乾坤老屋月梁

乾坤老屋前进正屋

祝九如大屋

　　祝九如大屋位于龙山海甸戎村,坐北朝南共三进,前进为八开间平房,中进为七开间二层楼房,后进七开间平房,占地984平方米。清末民居,据称房主姓戎,是上海虹口吴淞沪烟叶仓库会计,因门头有磨砖字"祝九如"而得名。

祝九如大屋门头

祝九如大屋厢房

祝九如大屋地漏

祝九如大屋天井内景

祝九如大屋外景

607

后大屋

后大屋位于龙山东渡村,坐西朝东,由七开间前、后楼及南北单间厢房组成,占地 889 平方米。清末民居,据称由旅沪经营酱油店的黄绍勋建造。其东有黄福庆宅,人称前大屋。

后大屋后天井

后大屋檐下牛腿

后大屋前院门

后大屋外立面

后大屋后楼二楼

西房大屋前楼俯瞰（南）

西房大屋

西房大屋位于龙山东渡村，由坐西朝东三进十一开间，带北偏房组成大型庭院，占地2818平方米。清末民居，据介绍由在杭州笕桥经营酒作坊的黄氏先祖建造。其东有年代更早的庭院人称老大屋，而西房大屋又被称为新大屋。

西房大屋后楼前立面

西房大屋前楼俯瞰（北）

西房大屋前楼后立面

西房大屋后楼明间

611

西房大屋后楼前廊

西房大屋南立面

西房大屋北景

中新屋侧弄

中新屋

  中新屋位于龙山施公山村，为坐北朝南四进庭院，一、三进为五间二弄楼房，二、四进为七开间平房，每进均设二开间东西厢房，东侧带长弄、门楼，占地2212平方米。清末民居，据传在杭州经商的叶家三兄弟分别建上、中、下新屋。2011年被公布为市文保点。

中新屋侧门及瞭望楼

中新屋后院主楼前廊转角

中新屋前院天井

中新屋后院门厅

中新屋前院门石雕

中新屋后院主楼前廊

中新屋前立面

中新屋后院天井内景

八卦门头外观全貌

八卦门头

　　八卦门头位于龙山施公山村，为坐北朝南五开间二层楼房，占地 220 平方米。清代民居，原大门顶上有砖雕八卦，故被称为八卦门头，据称由华姓商贾建于清中晚期。

八卦门头正屋前廊牛腿

八卦门头窗白

八卦门头院门

二房池头老屋天井内景

二房池头老屋前楼牛腿

二房池头老屋

　　二房池头老屋位于龙山施公山村，坐西朝东共二进二层楼房，前进二开间，后进五开间，占地449平方米。清末民居，由华姓里人建造，因位于二房池南端而得名。

二房池头老屋后楼月梁

二房池头老屋院门石雕

二房池头老屋外观全貌

六份头大屋

　　六份头大屋位于龙山施公山村,坐北朝南,由三开间二弄前、后楼带九间二弄东西厢房组成,占地882平方米。清代民居,据称建于同治年间,由六户人家合伙建造,故称六份头。

六份头大屋石窗

六份头大屋后楼前廊

六份头大屋后立面

六份头大屋前天井

六份头大屋后天井内景

六份头大屋侧弄院门

六份头大屋侧弄

米店门头门头彩绘

米店门头

　　米店门头位于龙山施公山村，为坐西朝东三合院，由主楼五开间及南北厢房二间组成，占地248平方米。清代民居，据称为同治年间叶姓翰林建造，因后来曾开设茂祥米店，故称米店门头。

米店门头后立面

米店门头门框石雕

米店门头窗臼

米店门头窗片雕花

米店门头外层院门

米店门头内层院门

米店门头主楼

仁里居老屋外观全貌

仁里居老屋

　　仁里居位于龙山施公山村,为坐西朝东五开间二层楼房,占地148平方米。清代民居,据称原为六份头的议事厅,门头内侧书额"仁里居"。

仁里居老屋"仁里居"　　　　　仁里居老屋主楼　　　　　仁里居老屋院门背立面

叶氏三湾门头门框石雕

叶氏三湾门头院门

叶氏三湾门头

　　三湾门头位于龙山施公山村,坐北朝南,由五开间主楼和三开间侧楼组成,占地563平方米。晚清民居,据称原格局进出需转三道弯,故被称为三湾门头。

叶氏三湾门头天井内景

叶氏三湾门头外景

叶氏三湾门头月梁

叶氏三湾门头前廊

玉成堂

　　玉成堂位于龙山施公山村，坐北朝南，由前后三进、每进东西三个并列单元共十三开间组成，布局呈九宫格型，占地3073平方米。清代民居，又称为九进十门堂。

玉成堂灰塑脊饰

玉成堂后厅西披门

玉成堂前厅明间梁架

玉成堂后厅西单元前天井

玉成堂中厅东单元明间前立面

玉成堂东立面

玉成堂西侧立面

玉成堂外观全貌

东西翁孙氏祖堂外观全貌

东西翁孙氏祖堂

　　祖堂位于龙山达蓬村东西翁，为坐北朝南三合院，由五开间主楼、二开间西厢房组成，占地 462 平方米。清末民居，院墙嵌有孙氏祖堂碑，记载孙瑞秀在 1904 年重建祖堂。

东西翁孙氏祖堂院门西侧祖堂碑记

东西翁孙氏祖堂西厢房磨石子坎墙

东西翁孙氏祖堂院门背面

东西翁孙氏祖堂天井内景

东西翁孙氏祖堂西厢房

达蓬桥孙家大屋

　　孙家大屋位于龙山达蓬村，为坐北朝南三合院，由五开间二层主楼及东西厢房各五开间组成，占地856平方米。清代民居。

达蓬桥孙家大屋西厢房前廊

达蓬桥孙家大屋主楼

达蓬桥孙家大屋天井内景

达蓬桥孙家大屋前立面

达蓬桥孙家大屋石窗

达蓬桥孙家大屋甬道

达蓬桥与孙家大屋

东西翁三间头院门背面

东西翁三间头正屋

东西翁三间头

　　东西翁三间头位于龙山达蓬村东西翁,坐西朝东,由前进三间主楼、后进三间平房组成,占地 278 平方米。清末民居,据称为孙瑞丰老宅。

东西翁三间头外景

东西翁三间头背立面

东西翁三间头前廊月梁

东西翁五间头外景

东西翁五间头

东西翁五间头石雕灯系

东西翁五间头位于龙山达蓬村东西翁，坐北朝南，现存前进五间主楼、后进五间平房及后厢房各二间组成，占地596平方米。清代民居。

东西翁五间头石雕透气孔

东西翁五间头主楼后立面

东西翁五间头主楼前廊月梁

最后的记忆
——慈溪市第三次全国文物普查成果图集

黄永锦大屋甬道

黄永锦大屋

　　黄永锦大屋位于龙山达蓬村，坐西朝东，原有前后两个庭院，前院由正屋五开间、两厢各一间组成；后院仅存两厢各二间平房，占地379平方米。清末民居，据称为当地商贾黄永锦、黄永权两兄弟的老宅，又称永锦门头。

黄永锦大屋石窗

黄永锦大屋院门背面

黄永锦大屋门框石刻

黄永锦大屋外景

老祠堂后背五间头外观全貌

老祠堂后背五间头

　　五间头位于龙山达蓬村，为坐北朝南五开间二层楼房，占地 231 平方米。清代民居，因位于原孙氏祠堂的北面而得名。

老祠堂后背五间头天井内

老祠堂后背五间头正屋前廊月梁

孙氏三间头院门外立面

孙氏三间头院门内部梁架

孙氏三间头正屋前廊

孙氏三间头

三间头位于龙山达蓬村,为坐西朝东三开间二层楼房,占地162平方米。清代民居,由孙氏一族旅沪商贾所建。

孙氏三间头院门上方砖雕八卦

孙氏三间头外景

黄定良老屋

　　黄定良老屋位于龙山田央村,坐北朝南,现存三进,前进五开间平房、中进五开间楼房、后进三间一弄平房,占地789平方米。清代民居,据称原为大型建筑群,建造者黄定良长期住在上海。

黄定良老屋观音兜山墙

黄定良老屋前进平房

黄定良老屋主楼后立面

黄定良老屋原院门上的"履祜延鸿"

黄定良老屋西立面

和义路三间头

和义路三间头位于龙山田央村和义路，为坐北朝南三开间二层楼房，占地 155 平方米。清末民居，由在沪百货公司做工的叶氏族人所建。

和义路三间头院门门头砖雕

和义路三间头主楼

和义路三间头院门

纪云老屋

纪云老屋位于龙山田央村,为坐北朝南三开间二层楼房,占地188平方米。清末民居,据称由旅沪经商的叶纪云建造。

纪云老屋外景

纪云老屋月梁

纪云老屋主楼

649

偏方门头天井

偏方门头月梁

偏房门头

　　偏方门头位于龙山田央村，坐西朝东，由三开间门厅、三开间正屋及六间一弄南北厢房组成，占地 953 平方米。清末民居，据传由黄姓商贾建造，因其南原有大房、二房、三房、五房等门头，故名。

偏方门头外景

叶家新屋天井

叶家新屋

　　叶家新屋位于龙山田央村，为坐北朝南三合院，由主楼三开间带东西厢房各二间组成，占地284平方米。清末民居，据称由旅沪经营香炉生意的叶姓商贾建造，因年代较迟，人称新屋。

叶家新屋主楼前廊

叶家新屋东立面

叶家新屋门头砖雕

福昌大屋

　　福昌大屋位于龙山徐福村，坐东朝西，由正屋三开间、后厢房南北各一间及后平屋三间组成，占地 352 平方米。清代民居，由旅沪商人黄福昌为其三个儿子所造。

福昌大屋外观全景

福昌大屋正屋后立面

福昌大屋正屋前廊

启航路五间头外景

启航路五间头石窗

启航路五间头

　　启航路五间头位于龙山徐福村启航路，为坐北朝南五开间二层楼房，占地391平方米。清末民居，据称由旅沪经商的黄重庆之父建造。

启航路五间头门厅梁架

启航路五间头天井内

上门头院门

上门头主楼前廊

上门头

　　上门头位于龙山徐福村上桥头，为坐东朝西二层楼三合院，由主楼七开间和南北厢房各三间组成，占地685平方米。清代民居，据称当地原有南北两座宅院，人称上、下门头。

上门头天井

雪林大屋外景

雪林大屋

雪林大屋院门

雪林大屋位于龙山徐福村，为坐东朝西三合院，由主楼六开间和南北厢房各二开间组成，占地422平方米。清代民居，据称由黄姓石匠建造，人称雪林大屋。

雪林大屋前廊

雪林大屋主楼

朝西屋大屋格扇门　　　　朝西屋大屋后院院门　　　　朝西屋大屋后进前廊月梁

朝西屋大屋

　　朝西屋大屋位于龙山筋竹村朝西屋,为坐东朝西二进庭院,前院由主楼五开间、厢房各两间组成,后院为五开间楼房,占地914平方米。晚清民居,据称由黄姓旅沪商人建造。

朝西屋大屋外景

朝西屋大屋院中一角

朝西屋大屋后进前立面

朝西屋大屋后进前廊

绍年老屋外观全景

绍年老屋院门

绍年老屋

　　绍年老屋位于龙山筋竹村庙岙里，坐东朝西，为三开间平房，占地 150 平方米。院门为砖砌券顶式门墙。清末民居，据称由旅沪经营肉摊的黄姓族人建造，人称绍年老屋。

绍年老屋外墙小窗

绍年老屋后立面

绍年老屋院门券顶

661

桂花树下大屋

　　桂花树下大屋位于龙山西门外村河滩，为坐北朝南三合院，主楼为五间二弄二层楼房，厢房为二开间二层楼房，占地665平方米。清代民居，据称为旅沪经商的郑氏族人建造，人称桂花树下大屋。

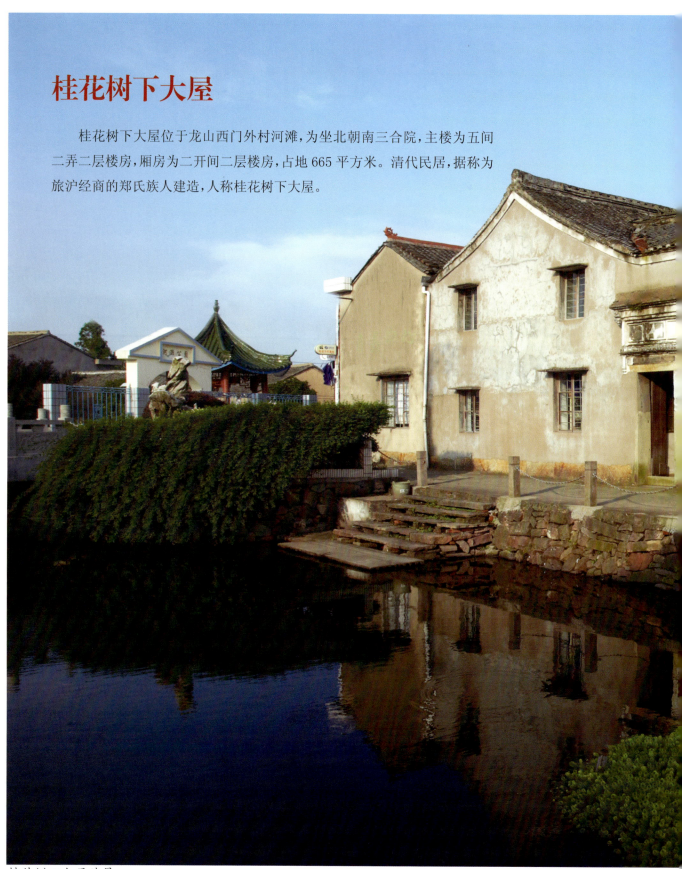

桂花树下大屋外景

桂花树下大屋天井内

桂花树下大屋院门砖雕细部

桂花树下大屋石窗

桂花树下大屋厢房二楼木护栏

郭家老屋院门八字墙

郭家老屋

郭家老屋位于龙山镇龙山所城，为坐北朝南五开间二层楼房，门头朝东，占地341平方米。清代民居，由郭姓族人建造。

郭家老屋院门外立面

665

郭家老屋院门内立面

郭家老屋主楼

八字墙门内层门头

八字墙门外层门头背面

八字墙门

　　八字墙门位于龙山东门外村，为坐北朝南三进庭院，前、中进均为七开间楼房，后进居中为花坛，两侧带三间平房，占地1286平方米。清中期民居，门头有八个磨砖"寿"字，俗称"八字墙门"；据称房主在福建做木耳生意，故又称木耳行。

八字墙门外景

八字墙门外层门头

八字墙门前进曾悬"儒霖(林)第"匾

八字墙门磨砖花窗

打七弄王家老屋前廊月梁

打七弄王家老屋透气孔石雕

打七弄王家老屋

　　王家老屋位于龙山邱王村打七弄,坐西朝东,为五间二弄二层楼房,带南厢房一间,占地331平方米。清代民居,据称由自山西迁来的王氏太公建造。

打七弄王家老屋院门背面

打七弄王家老屋天井

打七弄王家老屋前院墙

打七弄王家老屋院门

旗杆门头

旗杆门头东院天井

旗杆门头位于龙山邱王村,由东西两个庭院组成,东院门厅朝东,七间二弄楼房南北相对,西侧带偏房两间;西院为五间二弄朝南楼房,占地1233平方米。内存报单多张。清代民居,据称建于清初,属邱姓家族,族人中举做官,大门前原有旗杆一对,故称旗杆门头。

旗杆门头东院门厅八字墙

旗杆门头东院右楼前立面

旗杆门头俯瞰

旗杆门头东院右楼明间

旗杆门头东院门厅内部梁架

旗杆门头东院右楼前廊

里四份老屋俯瞰

里四份老屋石窗

里四份老屋

里四份位于龙山金岙村,为坐南朝北三合院,由主楼三开间二层楼及东西厢房各五间一弄组成,占地723平方米。清代民居,俗称里四份,其北有外四份。

里四份老屋主楼明间前廊

里四份老屋天井

里四份老屋西厢房山墙

商公大厅

商公大厅位于匡堰樟树村,坐北朝南,原为三进庭院,现存中进,为五开间大厅,占地 228 平方米。明代民居,据称是岑氏商友公故宅,人称"商公大厅"。相传嘉靖年间,商友公曾在此教上林湖莫家太常儿子读书。1986 年被公布为县保单位。

商公大厅外观全貌

商公大厅柱础

商公大厅明间抬梁

商公大厅前廊

商公大厅后檐排水沟盖板

商公大厅前立面

里史家老屋外观全貌

里史家老屋

里史家老屋位于匡堰倡隆村里史家,坐西朝东,由东西相对两进平房组成,东屋三间一弄,西屋三开间,占地 225 平方米。清末民居,以乱石垒砌的乡土建筑。1943 年前后,三五支队周曼天、王仲良、蔡大勋等人曾在此活动。

里史家老屋西屋梁架

里史家老屋西屋前廊

里史家老屋西屋前立面

里史家老屋东屋前立面

里史家老屋保存革命文物

后房丁应家宅

　　应家宅位于胜山镇胜东村后房丁，坐北朝南，现存三间二弄正屋及两厢北间，带朝东门头，占地604平方米。清代民居，据介绍建于乾隆十八年（1753），应氏以造大屋请帮工的形式接济乡民。

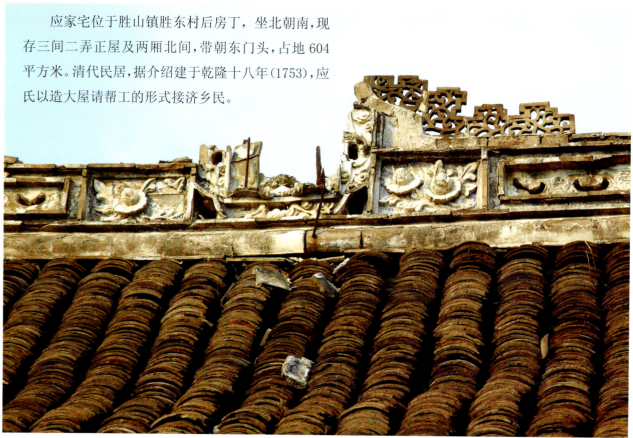

后房丁应家宅正屋脊饰

后房丁应家宅格扇窗

后房丁应家宅正屋明间

后房丁应家宅正屋前立面

后房丁应家宅正屋脊饰

后房丁应家宅门头

后房丁应家宅正屋前廊

（四）桥堰井泉

陡塘桥

陡塘桥位于观海卫鸣鹤东部，又名斗堂桥，为南北向单孔石拱桥，长 12.22 米。是鸣鹤街河（上横河）原有七座古桥中最东一座。根据拱券题刻可知，在明成化十八年（1482）、清康熙癸亥年（1683）分别由乡民和僧人照拙重建，道光戊戌年（1838）叶元堦奉母命重建。2011 年被公布为市保单位。

陡塘桥莲花造型望柱

陡塘桥狮子造型望柱

陡塘桥护栏

陡塘桥全貌

683

陡塘桥桥面

陡塘桥拱券顶部题刻

陡塘桥台阶

运河桥台阶

运河桥

  运河桥位于观海卫鸣鹤中部，鸣鹤七桥之一，为南北向单孔石拱桥，长 11.6 米。桥身嵌有清重修碑记。据记载，清康熙八年(1669)曾由进士叶昌重修，咸丰九年(1859)叶氏族人捐资重修。2011 年被公布为市保单位。

运河桥望柱   运河桥重修碑记

运河桥拱券

运河桥全貌

普安桥全貌

普安桥台阶

普安桥

　　普安桥位于观海卫鸣鹤西部,鸣鹤七桥之一,为南北向单孔石梁桥,长 12 米。据题刻推断,清乾隆四十二年(1777)由叶氏建造,光绪二十年(1894)由叶氏后裔重修。2011 年被公布为市保单位。

普安桥题刻

普安桥桥台

687

沈师桥全貌

沈师桥题刻

沈师桥

　　沈师桥位于观海卫沈师桥村大桥头，系单孔石梁桥，南北横跨快船江，长 8 米。据记载，南宋隆兴年间建，以纪念教书授道的沈氏先祖沈恒而得名；明洪武年间汤和移建至此，清同治十三年(1874)重建。2011 年被公布为市保单位。

沈师桥桥面

沈师桥蚣蝮

唐荔桥望柱狮子

唐荔桥蚣蝮

唐荔桥抱鼓石

唐荔桥

　　唐荔桥位于观海卫洞桥虞家村,俗称洞桥,系单孔石拱桥,南北横跨快船江,长13米。据称因迁居于此的虞世南之父虞荔而得名,清道光十一年(1831)重修。2003年被公布为市文保点。

唐荔桥全貌

唐荔桥题刻

唐荔桥桥心石

唐荔桥台阶

聚奎桥台阶

聚奎桥题刻

聚奎桥

　　聚奎桥位于观海卫昭十三房村，系单孔石梁桥，南北横跨快船江，长13.5米。根据桥栏题刻，清光绪辛巳年（1881）由里人重建。

聚奎桥全貌

护隆桥全貌

护隆桥桥名题刻

护隆桥台阶

护隆桥

　　护隆桥位于观海卫宓家桥村，后横江与门前河交界处，南北走向单孔石梁桥，长14.5米，根据桥栏题刻，清光绪壬辰年（1892）由里人重建。

古卧床桥题刻

古卧床桥抱鼓石

古卧床桥

　　古卧床桥位于掌起戎家村，又名护龙桥，系单孔石梁桥，南北横跨快船江，长10.7米。据记载，始建于宋，原为泥桥，后易为石桥；南宋黄震曾卧其上读书，故名。清道光六年(1826)戎开华捐资修建，光绪丙子年(1876)重修。1982年被公布为县保单位。

古卧床桥全貌

693

古卧床桥护栏

古卧床桥台阶

古卧床桥蚣蝮

古蒋家大桥题刻(西)

古蒋家大桥题刻(东)

古蒋家大桥

　　古蒋家大桥位于掌起巴里村,又名三径桥,系单孔石梁桥,南北横跨快船江,长 12.5 米。根据桥栏题刻,清道光癸卯年(1843)由蒋氏允祥房族人重建。

古蒋家大桥全貌

古蒋家大桥台阶

古蒋家大桥护栏

古蒋家大桥虮蟆

竹山桥台阶

竹山桥桥台

竹山桥

　　竹山桥位于掌起洪魏村,系单孔石梁桥,南北横跨竹
山江,长 12 米。据桥栏题刻在清嘉庆戊辰年(1808)、同治
戊辰年(1868)两次重建。2011 年被公布为市文保点。

竹山桥全貌

金锁桥全貌

金锁桥

　　金锁桥位于掌起洪魏村,俗称甘溪桥,系单孔石拱桥,东西横跨甘溪,长 11.7 米。据传建于宋代,桥拱用乱石砌筑,桥面、桥栏及台阶已经过现代重修。 1986 被公布为县文保点。

金锁桥桥面

金锁桥桥心石

金锁桥保护标志碑

金锁桥石砌拱券

怀德桥全貌

怀德桥蚣蝮

怀德桥

怀德桥位于掌起裘家村,系单孔石梁桥,南北横跨快船江,长13.2米。桥在雍正时县志中有记载;而据桥栏题刻,清嘉庆十八年(1813)重修。

怀德桥抱鼓石

怀德桥题刻

怀德桥台阶

卧龙桥题刻

卧龙桥台阶

卧龙桥

　　卧龙桥位于龙山新东村，原位于街河上，现河已填塞。系东西向单孔石梁桥，长 6.9 米。据传苏州范仲淹故乡有卧龙、永兴、义田三桥；其后裔迁至此，亦建三桥以纪念。据桥栏题刻，清嘉庆八年（1803）、光绪二年（1876）曾两次重建。

卧龙桥全貌

达蓬桥全貌

达蓬桥

　　达蓬桥位于龙山达蓬村，东西横跨达蓬河，为单孔石梁桥，长 8.5 米。据称由横河孙家境人、江西巡抚孙燧始建于明正德年间，现存根据题刻为清宣统元年（1909）重修。2003 年被公布为市保单位。

达蓬桥题刻

达蓬桥台阶

达蓬桥楹联

仙桥全貌

仙桥远景

仙桥

　　仙桥位于龙山杨高村杨家，为东西向石板平桥，由桥体和引桥组成，桥体略为拱形，引桥呈八字形，总长7.8米。据称为清代桥梁，其周边清代古民居密集。

仙桥桥栏

仙桥桥面

官庄桥乾隆庚寅年题刻

官庄桥桥名题刻

官庄桥台阶

官庄桥西立面

官庄桥

　　官庄桥位于龙山田央村，为单孔石梁桥，南北横跨快船江，长8.4米。是田央黄氏一族聚居分界的标志，据题刻记载，由黄氏族人始建于清乾隆庚寅年（1770），光绪戊寅年（1878）和宣统庚戌年（1910）曾两次重修。

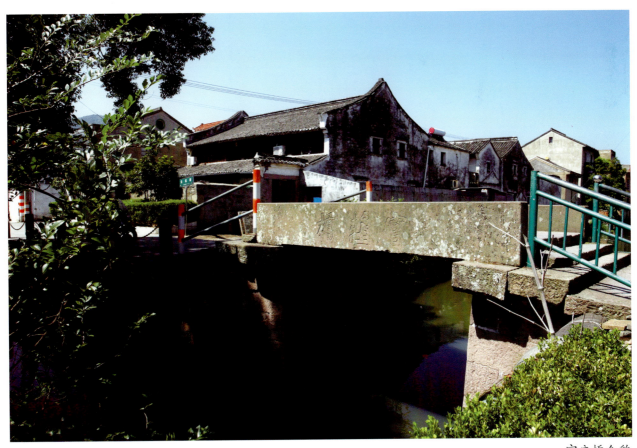

官庄桥全貌

刺史桥

　　刺史桥位于龙山镇伏龙山千丈岩,又名仙人桥,由块石垒叠而成,东西长约 20 米,南北宽约 7 米,桥拱额题"古迹重来"。桥北有伏龙寺住持善庵所立桥碑,记载桥系北宋王安石所造,清嘉庆间圮,光绪三十年(1904)香客捐资重立。2011 年被公布为市保单位。

刺史桥下流经的山溪

刺史桥全貌

刺史桥桥碑

刺史桥环境远景

刺史桥"古迹重来"额书

刺史桥拱券

七星桥

　　七星桥位于横河东上河村，南北横跨东横河，为三孔石拱桥，长 24 米。据称七星桥早在明嘉靖年间已建成，县志记载清道光年间孙式鉴重修。1986 年被公布为县保单位。

七星桥全景

七星桥桥名

七星桥虮蝂

七星桥桥身

七星桥抱鼓石

七星桥桥联

七星桥桥拱纵联分节并列砌法

七星桥桥面